私たちがつくっています。

企業内
職人図鑑

⑤衣類・かばん

こどもくらぶ／編

同友館

はじめに

◎ 日本人とものづくり

日本人は、古くから手仕事をうやまい、職人の技術をみがきあげることで独自の文化をきずいてきました。明治維新以降も、西洋からの新しい技術を取りいれることで、世界有数の「ものづくりの国」となりました。

◎ 次世代へ受けつぐ、たいせつな財産

資源にとぼしい日本で、明治以降の近代化を可能にし、昭和の敗戦のあとに復興をとげて高度経済成長時代をむかえることができたのも、"ものづくりの遺伝子"の力によるものです。このことは日本人がほこれる、たいせつな長所です。いくつもの世代をこえて伝えられてきた職人魂を次の世代へとつなげていくことは、いまを生きる私たちの役割です。

◎ 職人たちの仕事を知る

このシリーズでは、現代にあっても、ものづくりの心を失わず、日々、より良いものをつくろうとしている会社と、そこで働く人たちの仕事ぶりを伝えています。日ごろ何気なくつかっている品物が、どうやって生みだされているかを知ることもできます。一人ひとりの仕事が社会とどう結びついているかに気づくことは、読者のみなさんが将来の職業を考える上でもきっと参考になることでしょう。

・・・・

なお、このシリーズは、次のような6巻構成になっています。

1巻 スポーツ用品　2巻 楽器　3巻 食の周辺で
4巻 伝統工芸品　5巻 衣類・かばん　6巻 伝統食品

もくじ

はじめに ……………………………………………… 2
この本の使い方 ……………………………………… 4

私たちがつくっています・衣類・かばん ❶
孫の代まで愛される100年コートをつくる
サンヨーソーイング ………………………………… 5
職人ファイル 甲地 真衣さん 成田 拓史さん（サンヨーソーイング 縫製課／仕上課）…… 12

私たちがつくっています・衣類・かばん ❷
子どもたちの6年間に思いをこめたランドセル
土屋鞄製造所 ………………………………………… 13
職人ファイル 大口 智史さん 秋本 彩花さん（土屋鞄製造所 製造部）……… 20

私たちがつくっています・衣類・かばん ❸
こだわりをもって究極のジーンズをつくる
ジャパンブルー ……………………………………… 21
職人ファイル 山本 貴裕さん（ジャパンブルー コレクト事業部）……… 28

私たちがつくっています・衣類・かばん ❹
園児や児童の帽子を年間10万個つくる
東ハット ……………………………………………… 29
職人ファイル 松本 善文さん 水沼 輝之さん（東ハット 工場）……… 36

もっと見てみよう、衣類・かばん関係の職人の技 …… 37
コート生地／麦わら帽子

さくいん ……………………………………………… 39

この本の使い方

この本では、身近なものや、
知られざる名品、
すぐれた品などをとりあげ、
それをつくっている人たちと、
その会社を紹介しています。

1ページ目

その会社がつくっている製品です。

紹介されている会社の所在地、創立年、従業員数です。

2・3ページ目

どんなものをつくっているの?
とりあげた会社がつくっているもののすごいところや、特徴などを具体的に紹介します。

ワンポイント
文中に出てくるキーワードや、知っておきたい重要な用語について解説しています。

4・5ページ目

どんな仕事場?
とりあげた製品が、どんなところで、どんなふうにつくられているのかを写真といっしょに紹介します。

6・7ページ目

もっと見てみよう
とりあげた会社が、どういうものづくりをしているのかなどを具体的に紹介します。

ものづくりの極意
会社の創業からこれまでの歴史をふりかえり、ものづくりへのこだわりを見ていきます。

8ページ目

職人ファイル
とりあげた会社の社員の方に登場していただき、入社の動機や仕事へのやりがいなどをインタビューしています。写真は、インタビューにこたえてくださった本人です。

●●さんの1日
ふだん、どんなふうに仕事をしているのか。ある1日を例にとって、時間を追って見ていきます。

私たちがつくっています・衣類・かばん ①

孫の代まで愛される 100年コートをつくる

衣料品の企画製造と販売をおこなっている三陽商会は、設立70周年をきっかけに、「TIMELESS WORK.* ほんとうにいいものをつくろう。」という目標をかかげ、「100年コート」を発表しました。その生産をおこなっているのが、サンヨーソーイングです。

100年コート。左の2つが婦人用、右の2つが紳士用。

サンヨーソーイング
- 所在地／青森県七戸町
- 創　業／1969（昭和44）年
- 従業員数／145人

* 直訳すると「時代をこえた仕事」という意味の英語だが、三陽商会では、「いつの時代でも変わらぬ価値あるものづくり」としている。

どんなものをつくっているの？

設立から今日までコートづくり一筋

日本一のコート専門工場

サンヨーソーイングは、三陽商会の企画した商品を縫製※1することを目的に、1969（昭和44）年に設立された会社です。会社と工場は、東北新幹線の七戸十和田駅の目の前にあります。

会社設立の目標が「世界にほこれるコートをつくろう」であったことから、現在、生産している製品の大多数はコートです。工場で1年間に生産される6万着をこえる製品のうち、95％をコートが占めています。

コートは、もっとも複雑な衣料品といわれています。それは、多くのパーツ（部材）からできているので、生産にあたって工程が多く、たいへん手間がかかるからです。そのため、衣料品の製造と販売をおこなう会社は、ある程度の需要が見こめなければ、コート専門の工場を設立し、維持していくことはむずかしいといわれています。しかし、三陽商会は1970（昭和55）年以降、海外の有名ブランド※2と契約をむすび、海外ブランドのコートの製造と販売を積極的におこなってきました。そうしたこともあり、サンヨーソーイングは、コートづくりの技術を身につけ、日本一のコート専門工場としての地位を築き上げたのです。

いま、サンヨーソーイングは、三陽商会のグループ企業でありながら、コートを中心に他社の商品も生産しています。その背景には、こうした経緯があるのです。

※1 縫い合わせて衣服などをつくること。
※2 とくにすぐれた品質をもつと知られている商品の名称などのこと。

サンヨーソーイングの工場（右奥）。左は、東北新幹線の七戸十和田駅。

ワンポイント

三陽商会と100年コート

三陽商会は、第二次世界大戦中の1943（昭和18）年に設立され、防空暗幕による紳士用のコートづくりからスタートした。防空暗幕は、戦闘機からの攻撃を防ぐため、外から見たときに室内の明かりを見えなくすることを目的に、戦争中に用いられたものだ。

近年、日本の衣料品業界は、流行をとり入れつつ価格を低くおさえたファストファッションにおされ、競争力のある安い商品の製造と販売にかたよってしまい、「よい商品を適正な価格で提供する」という考え方がうすらいでしまったといわれている。そうしたなか、三陽商会は、設立70周年をむかえた2013（平成25）年に、創業時から取り組んできたコートで、「ほんとうにいいものをつくろう。」と考えた。そして、「世代を超えて永く愛していただけるコート」をテーマに、100年コートを開発したのだ。

100年コートには、厳選された国産の素材を使用、肩から袖にかけてのシルエット※の美しさ、動きやすさを備えた袖など、さまざまな特長があり、「こだわりのものづくり」が評価されているという。また、実際に世代をこえて愛用してもらうため、修理にも応じている。そこで、「100年オーナープラン」という会員システムを設け、買い求めた人びとからの意見をもとに、さまざまな情報の発信をおこなっている。

100年コート。写真は、紳士用のトレンチコート。

※ 後ろから光が当たったときにうかび上がる、人やものなどの輪郭。

工場がほこる3つの技術

　日本一のコート専門工場といわれるサンヨーソーイングをささえているのは、「工業化パターン技術」、確かな「縫製技術」、コートならではの「仕上げ技術」の3つです。

　工業化パターン技術は、生産の現場で縫製を担当する社員が、迷うことなく、確実に縫い合わせていくことができるように、しっかりとパターンの加工をおこなう技術のことです。パターンとは、型紙のことをいい、衣服に仕立てるために布地を切るときに使います。衣服をつくるときの設計図にあたる型紙は、発注元のデザイナーがつくります。しかし、その型紙どおりでは、うまく縫い合わせることができなかったり、完成したときに不具合が生じたりすることがあります。それを防ぐため、生産に入る前に、型紙の加工をおこなっているのです。

　縫製技術の確かさは、社員の勤続年数が平均19年と長く、経験が豊富なことが証明しています。だれもが、高い技術を身につけ、製品を見る確かな目をもっているといわれています。

　コートならではの仕上げ技術は、アイロンや特殊なプレス機を使い、しわが出ないように、ていねいに仕上げていく技術です。長い袖は専用のプレス機を使い、コートの顔といわれる衿はアイロンを使い、入念に仕上げていきます。

工業化パターン技術により、生産現場に合うように加工された型紙。パーツの多いコートの場合は、100をこえる型紙が用意されるという。

新しい製品の生産のため、打ち合わせをおこなう縫製担当の責任者たち。彼女らが中心となって、サンヨーソーイングの縫製技術は進化していく。

袖専用の特殊なプレス機を操作する、仕上げプレスの担当者。長年の経験が、しわのない袖を仕上げていく。

どんな仕事場？
コートづくりは職人の技の結晶

150人の職人が数百の工程をこなす

たくさんのパーツからできているコートは、300の工程をへて完成するといわれていますが、種類によっては、400以上の工程があるといわれています。サンヨーソーイングは、決められたいくつかの工程を同じ社員（職人）がずっと担当することで、生産の効率と品質を高めることに成功しています。そのため、コートづくりは、それぞれの工程をこなす職人の技の結晶といえます。

1 CAD

CAD*1により、コートの設計図となる型紙の加工（⇨P7）をおこない、むだなく生地を使うため、幅や長さを考えながら、どのパーツを生地のどの部分から取ればいいかを決めていく。

工場でありながら、CADを担当する社員はコンピューターに向かって静かに仕事をしているが、各工程の効率と品質を高めていくためには、とても重要な工程。

2 裁断

型紙に合わせて生地を切る裁断の前に、きずやよごれが生地にないかを検査する検反、生地をまっすぐに広げる延反がおこなわれる。その後、CAM*2による裁断がおこなわれ、できあがったパーツは、生地を安定させるために裏側に芯を接着する芯貼りがおこなわれる。

検反は、機械を使って生地を動かしながらおこなわれるが、職人の目がたより。

延反は、機械の操作により、1枚ずつ正確におこなわれる。

裁断のようす。左は、CAMを操作しているところ。右は、裁断されたパーツを集めているところ。

芯貼りのようす。生地の裏側につけられた芯は、機械に通して確実に接着する。

*1 英語の"Computer-aided design"の頭文字を取ったもので、コンピューターを利用して設計や製図をおこなうこと。　*2 英語の"Computer-aided manufacturing"の頭文字を取ったもので、CADのデータをもとに、コンピューターを利用して製品の製造や加工をおこなうこと。

コート

3 縫製

縫製では、パーツの縫製が最初におこなわれ、つづいて各パーツをつなぎ合わせて、コートを組み立てていく。なお、ボタンつけのほか、ベルトなどの付属品の組み立ては、外部の職人に発注（外注）している。

パーツの縫製をおこなうラインのようす。パーツは、左右に設けられた紳士用と婦人用のコートの前面をつくり上げるラインに流され、取りつけられていく。

衿、袖、背を縫製するラインのようす。縫製が終わると、背、袖、衿の順で組み立てラインに流され、コートに取りつけられる。

組み立てラインのようす。背、袖、衿が左側のラインから流され、コートに取りつけられていく。

外注からもどってきた袖のベルトを、コートに取りつけているところ。

4 仕上げプレス

アイロンとプレス機を使い、しわが出ないように、コートを仕上げていく。150人の職人たちの思いをこめたコートのできばえを左右する、とても大切な作業だ。

アイロンかけのようす。コートの表側は、ハンガーでつるした状態で、熱と蒸気によってアイロンかけをおこなう。

5 検査

縫い残した部分はないか、針が残っていないかなど、1着ずつ入念な検査がおこなわれる。検査の項目は40ほどとなり、とても多い。

検査は合計3回おこなわれるが（⇒P11）、写真は、縫製の工程が終了した時点の検査のようす。

6 出荷

でき上がったコートは、ビニールをかけられ、ハンガーでつるされた状態で、倉庫のなかで出荷をまつ。

倉庫内のようす。長く大切に着てほしいという職人の思いがこめられた、多くのコートが並ぶ。

もっと見てみよう
世界一の水準でコートをつくる

ほかではやれないこだわりの技術

サンヨーソーイングがつくるコートは、「縫い目がそろっていてきれい」「前面に落ちつきがあって安定している」「衿の返りが左右対称できれい」「縫い目のまわりにしわが少ない」「全体的にすっきりとした仕上がりになっている」など、衣料品業界のなかでも、たいへん高い評価を得ているそうです。だからこそ、三陽商会だけではなく、他社からもコートの生産を依頼されるのです。そうした評価の背景には、「控え」「引き縫い」「裏掛けプレス」という、こだわりの3つの技術があるといわれています。

控えは、表の生地と裏の生地を縫い合わせるときに、表よりも裏を0.5mm引っこめて縫い合わせることです。この控えのおかげで、表からは裏の生地が見えなくなりますが、裏の生地のなじみがわるくなります。そこで、CADによる型紙の加工（⇨P8）のときに、控えの分量をもりこむことで、よれのない端正な状態に見せることができるといわれています。

引き縫いは、微妙な加減で生地を引っぱりながら縫うことです。生地は縫うと、糸によって引かれ、縮んでしまうので、その縫い縮みを見こんで、ミシンをかけているのです。

裏掛けプレスは、仕上げのときに裏側からアイロンをかけることです。コートの表側に、白いテカリができなくする工夫です。

こうした技術は、わかっていてもほかの工場ではやれないといわれています。生産に時間がかかって効率が悪くなり、生産にかかわるコスト（費用）に影響するからです。しかし、それをあえておこなっているのは、コート一筋に取り組んできた、サンヨーソーイングのこだわりがあるからです。

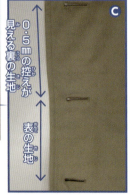

コートの前身頃（前の部分／写真AB）。写真Cの中央のボタンの穴の部分を境に折り返されるので、下が表、上が裏となり、上には0.5mmの控えが見える。

アイロンを使い、裏掛けプレスをおこなっているところ。長さ140cm、幅110cmの大きなアイロン台を使うことで、コートを動かすことなくアイロンをかけられるので、しわが出ないという。

引き縫いをおこなっているところ。ミシンで縫うと縫い縮みが発生するので、縫い縮み分を見こんで、生地を前後に引っぱりながら縫っていく。

3回の検査が物語る徹底した品質管理

サンヨーソーイングは、CADによる型紙の加工にはじまり、裁断、縫製、そして仕上げまで、すべての工程で徹底した品質管理をおこなっています。その中心となるのが、全工程のなかで3回おこなう検査です。

最初の検査は、縫製の工程が終了した時点でおこないます。次の検査は、外部の職人に発注した工程が完了し、製品が工場にもどってきたときにおこないます。最後の検査は、アイロンやプレス機による仕上げプレスが終わり、製品として出荷される前におこないます。

こうした検査をとおして、品質の管理をしっかりおこなうことで、サンヨーソーイングは、日本国内で求められるきびしい品質基準に挑戦し、安定した製品づくりを実現しているので、世界一ともいわれる水準でコートを生産しています。

外部の職人から製品がもどってきた時点でおこなわれる、平面検査のようす。

ものづくりの極意　コートの産地を守る

コートの産地を形成

サンヨーソーイングは、三陽商会が世界的にほこれるコートを生産するため、1969（昭和44）年に設立されました。以来、コートをつくることで技術を高め、事業を拡大していき、青森県七戸町を、日本はもとより、世界でも有数のコートの産地にしていきました。その背景には、地域に密着し、地域とともに育ってきた歴史があります。

青森県の東部、八甲田山の東側の麓に広がる七戸町は、農業が産業の中心です。しかし、冬はきびしい寒さに見まわれ、雪も多く、農業をおこなうことはできません。そこで、農家の人びとは、サンヨーソーイングの工場ができたことをきっかけに、冬の内職として、コートづくりに取り組みはじめました。その結果、職人のネットワークができあがり、世界的にもめずらしいコートの産地が形成されたのです。

きびしい環境を乗りこえて

日本の縫製工場の多くが、人件費の安さを求めて、アジアをはじめとした海外に移転するなか、サンヨーソーイングは、あくまでも国内での生産にこだわり、コートづくりを取り巻くきびしい環境を乗りこえてきました。社長の横井享さん（写真円内）は、「コストだけを優先し、わたしたちの技術が失われてしまったら、日本人を満足させる品質のコートはつくれなくなる」といいます。また、「コートへのあくなき製造意欲をもって、ものを生み出し、お客さまに供給することは、職人としてのいちばんの楽しみであり、生活の糧となる」ともいっています。

こうした思いには、世界的に貴重なコートの産地を守っていくために、さらに技術を高め、これからも日本国内で求められるきびしい品質に挑戦し、100年コートのような「ほんとうにいいものをつくろう。」という決意がこめられています。

雪におおわれたサンヨーソーイングの工場。

職人ファイル　甲地 真衣さん／成田 拓史さん（サンヨーソーイング 縫製課／仕上課）

職　種：コートを中心とした洋服の生産
仕事歴：甲地さん(左)：7年（2007年入社） 成田さん(右)：3年（2011年入社）
経　歴：甲地さん：高等学校卒業後に入社　成田さん：工業デザインの専門学校卒業後、3社ほどをへて入社
子どものときの趣味：甲地さん：ままごと遊びや人形遊び　成田さん：イラスト作成、テレビゲーム

あこがれていたものづくりの仕事でさらに上をめざす

―子どものころ、どのような仕事につきたいと思っていましたか？
甲地：職人にあこがれていたので、ものづくりの仕事につきたいと思っていました。
成田：わたしも、ものづくりの仕事です。

―この会社に入社しようと思ったきっかけは？
甲地：子どものころからあこがれていた、ものづくりができるからです。
成田：学生時代にデザインを勉強していたので、CAD（⇒P8）の仕事がしたかったからです。

―入社してどうでしたか？
甲地：縫製の経験はなかったのですが、まわりの先輩に教えてもらいながら、毎日が発見の連続で、楽しかったです。
成田：CADの仕事ではなく、アイロンかけの仕事を担当することになりましたが、立ち仕事で暑く、最初はたいへんでした。しかし、体をきたえることが好きだったので、乗り切ることができました。

―仕事で、たいへんだなと思うことは？
甲地：おもにコートの背の部分をつくっていますが、柄物の場合、左右対称に柄をあわせて縫うのが難しいということです。
成田：高価なものをつくっているので、慎重にしなくてはいけない反面、スピードが求められます。アイロンが4kgあるので、体力勝負です。仕上げの仕事は出荷の一歩手前なので、それまでの工程でミスがないか、アイロンをかけながら確認することも必要で、たいへんです。

―これからめざしていることは？
甲地：コート以外の製品も、迷うことなく縫製し、次の工程にはやく流せるようにしたいです。
成田：いろいろな素材の製品が流れてくるので、素材を見ただけで、アイロンのかけ方や温度調節を、すぐに判断できるようになりたいです。

コートにアイロンをかける成田さん。

コートの背の部分をつくる甲地さん。

甲地真衣さん 成田拓史さんの1日
- 7:50　出勤後にそうじ。
- 8:00　課ごとに1日の生産の流れや目標を確認後、各自が担当の工程に取り組む。
- 12:00　昼休み。
- 13:00　午後の生産の開始（15:00から5分間の休憩）。
- 16:50　終業（時期によっては残業もある）。
※日によって作業内容は変わります。

私たちがつくっています・衣類・かばん ②

子どもたちの6年間に思いをこめたランドセル

土屋鞄製造所は、ランドセルの老舗メーカーです。たくさんのランドセルをつくっていますが、職人のだれもが、「それを背負う子どもにとっては、ただひとつのランドセル」「細かな部分を大切に、心をこめて上質なものを」という思いをもっているといいます。

土屋鞄製造所
- 所在地／東京都足立区
- 創業／1965（昭和40）年
- 従業員数／267人

土屋鞄製造所の牛革のランドセル。定番の赤と黒のほかにも、ローズ、紺、茶、など、10種類以上の色がある。

どんなものをつくっているの？

上質なランドセルを子どもたちに届けたい

特色ある4種類のランドセル

土屋鞄製造所がつくるランドセルは、素材によって大きく分けると、4種類あります。牛革、コードバン、ヌメ革の3種類は、動物の革を用いた天然皮革で、残るクラリーノは人工皮革です。それぞれに、次のような特色があります。

牛革は、丈夫で傷がつきにくいという特色があり、土屋鞄製造所のつくるランドセルのなかでは、もっとも人気があるといわれています。

コードバンは、馬のお尻の部分の革のことをいい、きめ細かで美しいつやと、なめらかな手ざわりが特色です。馬1頭からつくることができるのは、ふたの部分（カブセ／⇨右ページ）であれば2つだけというので、たいへん高価な革といえます。

ヌメ革は、表面をほとんど加工していない牛革で、使うほどに色つやが増すといわれます。

クラリーノは、天然の革の構造を人工的に再現したもので、軽さとやわらかさが特色です。

もちろん、色やデザインも豊富で、子どもの個性に合わせて家族で選ぶことができるように、50種類をこえるランドセルを用意しています。さらに、すべてが職人のていねいな手仕事によってできているので、「上質なものを子どもたちに届けたい」という土屋鞄製造所の思いが、ひとつひとつのランドセルにこめられています。

牛革のランドセル。

コードバンの
ランドセル。

ヌメ革のランドセル。

クラリーノの
ランドセル。

ワンポイント
ランドセルの歴史

ランドセルの歴史は古く、江戸時代にさかのぼります。幕末の日本に、西洋式の軍隊制度が取り入れられたときに、背のう[*1]が輸入され、兵士が使用したのがはじまりです。いまのように児童が使用するようになったのは、1885（明治18）年がはじまりです。皇族や華族[*2]の教育のために設立された学習院が、馬車や人力車での通学を禁止したのをきっかけに、背のうに学用品類を入れ、児童に通学させることにしたのです。

この背のうは、オランダ語で「ランセル」とよばれたことから、やがて「ランドセル」ということばが生まれ、通学用の背負いかばんを意味するようになりました。

その後、背負うことで子どもの負担が軽くなり、両手が自由に使えるという長所から、ランドセルは広まっていきましたが、全国的に普及するようになったのは、昭和30年代（1955年からの10年間）以降のことです。

*1 毛皮や布でつくった、背中に負う四角い形をしたかばん。　*2 明治維新にともない、かつての士族や公家の身分のよび方として定められたが、のちに、国家に貢献した者も加えられ、さまざまな特権をもち、子孫が受けついでいく身分となった（1947年に廃止）。

土屋鞄製造所のこだわり

ランドセルは、110ほどのパーツ（部材）によってできています。そのつくりは次のとおりですが、それぞれのパーツには、土屋鞄製造所のこだわりがあるといわれています。

工房の壁にはられたランドセルのパーツ。

背カン
連尺のつけ根にある金具。背負いやすさを考えて、左右に開くようになっている。

背あて
背負ったときに背中に当たる部分。2層のクッションで背負い心地がよく、4種類のランドセルすべてに、通気性の良い牛革を用いている。むれにくくするため、土屋鞄製造所のランドセルには、U字のデザインがとり入れられている。

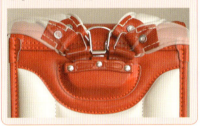

左右の金具
なすのような形をしたナスカン（左下）と、Dを横にしたような形をしたDカン（右下）という金具。ナスカンは、体操着の入った袋など、とりはずしが必要なものをつける金具で、Dカンは、取りはずしの必要がないものをつける金具。

肩ベルト（連尺）
ランドセルを背負うためのベルト。成長に合わせて、長さを8段階に調節できる。肩にぴったり合い、2層のクッションが入っているので痛くない。防犯ブザーをつける金具もある。

カブセ
ランドセルのふた。厚みのある材料を使っているので、はりがあるといわれる。かざり気やむだなところがない、シンプルで美しい形は、土屋鞄製造所がほこるデザイン。

前ポケット
カブセを開くとあらわれる前面のポケット。

マグネット錠
カブセをとめる、手動のマグネット（磁石）錠。使いやすく、こわれにくい。

大マチ
側面と底面からなる、大きなマチ。6年間つぶれないように、大マチの内部には、イチョウの形をした、がんじょうな芯材が入っている。

どんな仕事場?

美しく丈夫なランドセルを手づくりで

さまざまな工夫と技術の結晶

110ほどのパーツからなるランドセルづくりには、300をこえる工程があります。工房では、およそ60名の職人ひとりひとりが自分の工程をこなし、美しく丈夫なランドセルを、手作業でつくり上げていきます。そのようすは、さまざまな工夫と技術の結晶ともいえます。

① 素材選び

ランドセルの材料となる革の検査（検品）をおこなう。動物の革の場合は、傷や虫さされ跡などがあるので、その部分は素材には用いない。

革にパーツの型を置き、白鉛筆で線を引く。

② 裁断

ぬき型とよばれる各パーツの形をした型を置き、それに合わせてプレス機で革を切る、裁断をおこなう。裁断されたパーツは、ふたたび検品される。

背あてとカブセのつなぎ目の部分を補強するパーツ（上）とカブセの部分（下）の裁断をおこなうため、ぬき型を革の上に置く。

③ パーツのはり合わせ

ゴムのりを塗り、パーツをはり合わせ、その後、ミシンをかけて丈夫なパーツをつくり上げていく。

カブセにゴムのりを塗る。

背あてに必要なパーツをはると、左側の職人がミシンで縫う。

④ 小さなパーツを大きなパーツへ

小さなパーツを組み合わせ、前ポケット、背あて、カブセ、大マチ、肩ベルトなどの大きなパーツにしていく。

肩ベルトのミシンがけ。

ランドセル

5 パーツの組み立て

できあがった大きなパーツを、ゆがみがないように確認しながら、ひとつひとつ組み立てる。

右側の職人が組み立てた前ポケットと大マチを、左側の職人がミシンで縫い合わせていく。

組み立てられた背とカブセに、組み立てられた前ポケットと大マチをとりつける。

6 全体にミシンがけ

組み立てられたランドセルにミシンをかけ、仕上げていく。角の部分は、先に菊寄せという作業をおこない、指先と錐で革に細かくひだを寄せ、包んでいく。

集中力が求められる、仕上げのミシンがけ。部分に応じて、縫い目の幅や糸の太さを変えていく。

菊寄せのようす。この作業のあと、上からミシンをかけると、角の部分は丈夫で美しく仕上がる。

7 検品

できあがったランドセルの検品をおこない、子どもたちのもとへ届ける。

肩ベルト（連尺）の確認をおこなう。

もっと見てみよう
ものづくりに必要な環境づくり

妥協しないものづくりの姿勢

　土屋鞄製造所の美しく丈夫なランドセルは、妥協しないものづくりの姿勢により生み出されています。とくにミシンがけでは、0.5mmのちがいも許されません。ほかにも、背負ったときに負担のかかる肩ベルトは、ミシンだけではなく、手縫いによる補強をするなど、あらゆる工程で、職人によるていねいな手作業が見られます。

　また、6年という長いあいだ身につけても、あきることのないデザインを心がけ、ランドセルづくりに取り組んでいます。かざり気やむだなところがない、シンプルで美しいカブセ（⇨P15）のデザインが、それを象徴することのひとつです。

　そうしたデザインを実現するためには、デザインへの細かなこだわりだけではなく、徹底した検品（⇨P17）と、職人によるていねいな手作業が必要です。とくに、ランドセルの素材となる革の検査をおこなう検品では、わずかな傷も見のがすことなく、適切な部分だけを各パーツに用います（⇨P16）。そうすることで、その後の工程に不具合が生じなくなるそうです。

　ここまでしてはじめて、思いどおりのデザインのランドセルができあがるのです。

若手の職人を育成

　土屋鞄製造所の工房で働く約60名の職人には、職人歴50年以上のベテランもいますが、20代や30代の若い人がたくさんいます。これは、職人の高齢化が進むなか、若手の職人を育成していこうという土屋鞄製造所の取り組みが、2002（平成14）年からはじまったためです。

　若手の職人は、それぞれの目標をめざして、熱心に技術をみがいています。ベテランの職人は、その熱心さに刺激を受け、さらに技術をみがくのだそうです。また、若手の職人に相談されたときは、いっしょに考え、問題を解決していくことで、新たな技術も生まれるといいます。

工房にかかげられたスローガン。若手の職人とベテランの職人の決意のあらわれが感じられる。

若い事は助け合い
楽しい事は分かち合い
先輩からは「知」を貰い
後輩からは「熱」を貰う
性格や能力にそれぞれ
違いはあるけれど
向かう先は一つでありたい
"心一に"！
製造部

手縫いにより、肩ベルトのパーツを補強する。写真は、創業者の土屋國男さん（⇨右ページ）。

ミシンがけによって生み出される、美しいステッチ（縫い目）。ランドセルのデザインにも影響をあたえる。

相談されたベテランの職人が、若手の職人にアドバイスをおこなう。

つくり手が見える製品を

　土屋鞄製造所の工房は、ランドセルを買う人びとが訪れるお店とつながっています。つまり、お店から工房の内部を見わたせるので、訪れた人は、ランドセルづくりのようすを見学できるようになっているのです。

　職人は、自分の作業に集中することが必要ですが、そうしたときに、だれのためにつくっているのかということを忘れてしまうこともあるそうです。お店を訪れた人びとの顔を見ることで、いまつくっているランドセルを楽しみにまっている人がいることを思い、気が引きしまるといいます。

　また、お店を訪れた人にとっては、つくり手が見える製品を買い求めることができるので、保護者は安心でき、子どもは愛着をもってランドセルを使うといいます。

土屋鞄製造所のお店で、ランドセルを選ぶ親子と説明をする店員。

お店の一角から工房を見学する親子。その目の前で、職人たちがランドセルをつくる。

ものづくりの極意
すべてはお客さまの満足のために

ランドセル製造の老舗

　土屋鞄製造所の歴史は、2人の職人とミシン1台のランドセル工房として、1965（昭和40）年にはじまりました。創業者の土屋國男さん（写真円内）は、1938（昭和13）年に岐阜県で生まれ、中学卒業後に上京し、かばん工房に弟子入りしました。それから半世紀以上、かばんづくりひと筋に取り組んできました。

　土屋さんは、かばんの協会が主催するコンクールで数かずの賞を受賞し、土屋鞄製造所を人気のランドセルメーカーに育て上げました。いまでは、従業員260名以上、8都道府県に10の店を構える老舗として知られ、日本全国の人びとが、土屋鞄製造所のランドセルを買い求めています。そのため、ランドセルは毎年、春をまたずに売り切れてしまうといいます。

　また、これまでのランドセルづくりの技術をいかして、いまでは一般のかばんや小物なども製造し、販売しています。

ものづくりは人づくり

　ものづくりを受けついでいくためには、人材の育成がもっとも重要です。そのため、70代半ばの土屋さんは、いまでも工房を回り、職人たちに声をかけることがあるそうです。

　土屋さんの人材育成の考え方は、一方的に教えこむのではなく、本人の自主性を引き出すことが大切であり、そのためには、たとえ若い職人であっても、信頼してまかせる、そしてたよりにするということだそうです。そのことで、人はやる気を出し、結果も出してくれるといいます。

　そのいっぽうで、土屋さんは、「細部までていねいな手仕事で、美しくて丈夫なランドセルを子どもたちに」という信念を、創業以来もちつづけています。そのため、若い職人には、「つねにランドセルを使う子どもたちの姿を思いうかべ、ただ工程をこなすのではなく、これで満足してもらえるのかと考えることが必要」と話しているのだそうです。

職人ファイル　大口 智史さん　秋本 彩花さん（土屋鞄製造所 製造部）

職　種：ランドセルの製作
仕事歴：大口さん（左）：3年（2011年入社）　秋本さん（右）：1年（2013年入社）
経　歴：大口さん：大学の農学部を卒業後、フラワーデザイナーをへて入社　秋本さん：美術系の大学卒業後に入社
子どものときの趣味：大口さん：地図模型や秘密基地づくり　秋本さん：絵をかくこと、手芸

あこがれのものづくりに真剣に取り組む

―子どものころ、どのような仕事につきたいと思っていましたか？
大口：宇宙飛行士と教師です。
秋本：自分のつくったものが世の中で使われることにあこがれていたので、ものづくりの仕事です。

―この会社に入社しようと思ったきっかけは？
大口：ものづくりに興味があったからです。以前、革づくりの学校に通っていたときに、かばんをつくったこともあったので、入社したいと思っていました。
秋本：自分の手を動かして、ものづくりがしたかったので、入社しました。

―入社してどうでしたか？
大口：「職人は背中で学べ！」ということばがありますが、だれもが親切で、ていねいに教えてくれました。
秋本：革の知識やあつかう技術はまだまだですが、ものづくりの喜びを感じながら、楽しく仕事をしています。

―ここではどのような仕事をしていますか？
大口：おもに縫製作業と組み立て作業ですが、それらの作業が円滑に流れるように、人員の配置と各担当者への指示をおこなっています。
秋本：背胴とよばれる、ランドセルの背からカブセ（ふた）の部分をつくっています。

―製作するうえで、とくにたいへんなことは？
大口：さまざまな技術を習得しなくてはならないことです。
秋本：はやく、ていねいに、仕事をしなければならないことです。入社1年半ですが、新しく入った人に仕事を教えることもたいへんです。

―これからどんな職人をめざしますか？
大口：自分にきびしく、妥協しない職人です。
秋本：ひとつひとつの工程に、しっかりと目標をもって取り組むことができる職人です。

背あてのパーツをはる秋本さん。

仕上げのミシンがけを終え、ランドセルを確認する大口さん。

大口智史さん・秋本彩花さんの1日

8:30　始業。
9:30　朝礼（その後、大口さんは作業内容の指示と1日の目標の伝達、秋本さんは午前の作業）。
10:30　午前の作業（大口さんは組み立て、秋本さんは背の型ぬきやパーツのはり合わせ）。
12:00　昼休み（大口さんは、昼食後にミシンの整備）。
13:00　午後の作業（大口さんはランドセルの配送手配、秋本さんは金具つけ）。
15:00　休憩。
15:15　午後の作業のつづき（おもにミシンがけ）。
17:45　終業。

※日によって作業内容は変わります。

私たちがつくっています・衣類・かばん ❸

こだわりをもって究極のジーンズをつくる

ジーンズは、ゴールドラッシュ*のアメリカで、鉱夫の作業着となったことで広まっていき、1960年代以降、日本でも人気となりました。その本場アメリカをはじめ、世界で高く評価される「桃太郎ジーンズ」をつくっているのが、岡山県のジャパンブルーです。

ジャパンブルー
- 所在地／岡山県倉敷市
- 創業／1992（平成4）年
- 従業員数／65人

岡山県倉敷市

桃太郎ジーンズ。後ろポケットの二本線は、桃太郎が鬼退治に向かうときにかかげた幟にえがかれたものをイメージしている。

＊新たに金が発見された土地に人びとがおし寄せることをいい、ここでは、1849年にアメリカ西部のカリフォルニアでおこったことをいう。

どんなものをつくっているの？
こだわりでつくられる桃太郎ジーンズ

素材のこだわり

　ジーンズの素材は、デニムとよばれる綿でできた厚地の布です。ジャパンブルーのつくる「桃太郎ジーンズ」のデニムには、アフリカ南部のジンバブエで栽培される、ジンバブエ・コットンという綿が使われています。

　ジンバブエ・コットンは、ヨーロッパでは、おもに高級ドレスやシャツに使用される綿で、しなやかさとともに、すぐれた染色性が特長です。繊維長（綿の長さ）が長く、つぎ目の少ない綿なので、はき心地がしなやかで、とても丈夫なジーンズができます。また、デニムは、たて糸に色のついた糸を、よこ糸に白い糸を用いていますが、使いこむことで、タテ落ちとよばれる縦に線をえがくような色落ちが見られます。ジンバブエ・コットンの場合、そのタテ落ちが、とてもきれいに見えるのです。

染めのこだわり

　きれいなタテ落ちを生むのは、芯白染色法といい、糸の外側だけを染め、芯の部分は白いままにするという染色法です。デニムの糸は、使いこむうちに染められた外側がけずれ、白い部分が出てくるので、タテ落ちが見られます。

　デニムは、綿の糸をロープのようにたばね、インディゴ染料とよばれる青い染料の入った容器にひたす、ロープ染色という方法で染めていきます。ところが、インディゴ染料の性質上、限られた色でしか染められないので、ほとんどのメーカーのジーンズが、同じような色になってしまうのだそうです。

　しかし、「桃太郎ジーンズ」の場合は、会社の原点がデニムのメーカーだったことから（⇨P27）、これまでに新しい色を開発してきた実績や経験をもとに、ほかとはちがう独自の色を生み出し、染めています。

タテ落ちの見えるジーンズ。たて糸の色がところどころ落ち、細かな白い線が縦に入る。

芯白染色法で染められたデニムの糸。青い色をした糸の先には、白い芯の部分が見える。

特濃とよばれる、ほかにはない濃い色をしたジーンズ。

ジンバブエ・コットンの収穫風景（左）と、輸入されたときのジンバブエ・コットン（右）。

織りのこだわり

「桃太郎ジーンズ」には、セルビッチとよばれる耳のついたビンテージデニムへのこだわりがあります。セルビッチは、ジーンズの脚の外側の縫い目のラインの裏側に見られる生地の耳端のことです（右写真）。ビンテージデニムとは、年代もののデニムのことで、時間の経過とともに価値の高まったデニムです。それは、「桃太郎ジーンズ」がめざしてきた「本物のデニム」です。

生地の裏側の見えない部分にもこだわり、桃色の糸で織られたセルビッチ。

ビンテージデニムは、厚みのあるデニムなので、大量生産を目的に開発された現代の織機（布を織る機械）では、つくることができません。そのため、「桃太郎ジーンズ」のデニムを織るには、杼という用具のついた旧式の織機が使われています。つまり、ビンテージデニムにはビンテージ織機が必要ということです。

杼は、よこ糸を通すための用具で、端から糸を引き出しながら、たて糸のあいだを左右にくぐり、よこ糸を通していきます。旧式の織機を用いることで、厚みのあるデニムであっても、糸の張りを最小限におさえられるので、綿の特性をそこなわずに、素朴な風合いに織り上げることができるのだそうです。

たくさんのたて糸のあいだを往復し、よこ糸を通していく杼。シャトルともよばれる。

縫いのこだわり

本物のデニムを本物のジーンズに縫い上げていくには、ビンテージ織機とともに、ビンテージミシンが欠かせないのだそうです。そのため、「桃太郎ジーンズ」は、かつて本場のアメリカで、高級ジーンズの製造に使われた「ユニオンスペシャル社」のミシンで縫われています。

現在、各メーカーでは、ジーンズの大量生産に適した日本製のミシンが使われるなか、デニムと同じく、使いこむことで形状に独特な変化が生じるよう、「桃太郎ジーンズ」の縫製には、ビンテージミシンが使われているのです。

ユニオンスペシャル社製のミシンで縫われるジーンズ。古いミシンだが、改造を加え、毎日整備をしながら、大切に使っている。

ワンポイント
国産ジーンズ発祥の地

ジャパンブルーの本社がある、岡山県倉敷市の児島は、江戸時代から綿花の栽培がさかんで、綿織物の産地として発達した。いまでも、学生服やユニフォームなどの生産がさかんだが、昭和40年代（1965年からの10年間）にアメリカ製のジーンズが日本で売れたことを受け、国産ジーンズの生産を手がけた。その結果、いまでは日本有数のジーンズの産地となっている。

どんな仕事場？
日本有数のジーンズの産地でつくる

こだわりを実現する製造工程

ジーンズは、糸の製造と染色にはじまり、織りや縫製、加工などの工程をへて完成します。日本有数のジーンズの産地として知られる倉敷市児島（⇨P23）には、これらの工程の多くをこなす工場があり、分業制でジーンズをつくっています。しかし、ビンテージデニムへのこだわりがある「桃太郎ジーンズ」は、ビンテージ織機により織られ、ビンテージミシンにより縫われます（⇨P23）。そのため、ジャパンブルーは、織りと縫製の2つの工程については、自社の工場で、自社の職人がおこなっています。

1 糸の製造

ジンバブエ・コットン（⇨P22）という綿を使い、糸をつくる。

できた糸によりをかけながら巻き取る、リング精紡機とよばれる装置。

2 糸の染色

ロープ染色（⇨P22）という染色法により、糸を染める。

ロープ染色機という機械を使い、たばねてロープ状にした糸を、インディゴ染料（⇨P22）に何回もつけ、染めていく。

3 織り

「TOYODA製力織機『GL-9』」とよばれる旧式の織機を使い、デニム（⇨P22）を織り上げる。その後、別の工場で、デニムが縮んだりゆがんだりしないように、加工をおこなう。

たくさんの織機が並ぶ、織りをおこなう工場のようす（左）。旧式の織機なので、職人は点検をおこたらない（右）。

4 裁断

ジーンズの各パーツ（部材）の形をした型に合わせてデニムを切る、裁断をおこなう。

白い型を上に置き、それに合わせてデニムを切断していく。

ジーンズ

5 縫製

パーツを縫い合わせて、ジーンズをつくり上げていく。

バックポケットとよばれる後ろのポケットを縫う。

ジーンズの前の部分と後ろの部分を縫い合わせる。種類のちがう縫い目を同時に縫うことができる、インターロックミシンが使われる。

もち出しとよばれる、ボタンをつける土台の部分を縫う。

脚のわきの部分に、ステッチとよばれる縫い目を入れる。

6 洗い加工

織りの工程では、強度を保つため、たて糸にのりがつけられるが、洗い加工は、のりを落とすことなどを目的におこなわれる。

洗い加工を終えたジーンズを、左側のタンブラーから取り出しているところ。

7 仕上げ

アイロンをかけるなど、最後の仕上げの作業をおこない、出荷する。

桃太郎ジーンズの魅力は洗いざらしの風合いなので、アイロンは軽くかける。

もっと見てみよう
これこそ究極のジーンズ

10年保証

　「桃太郎ジーンズ」は、むかしながらの手法にこだわり、縫製のための糸に綿糸を使っています。これは、綿でできた生地（デニム）と同じく、色落ちによる独特の風合いを出すためです。

　しかし、一般のジーンズで用いられるスパン糸とよばれる糸とはちがい、すり切れることがあるそうです。それも使いこむことによる変化なので、「桃太郎ジーンズ」ならではの味わいのひとつだそうですが、縫製糸が切れて気になる場合は、10年間、無料で修理に応じています＊。ほかにも、リベット（鋲）、ボタン、ファスナーなどのパーツ（部材）も、こわれてしまった場合は、10年保証の対象となっています。

　また、1本1本と長くつき合ってもらえるよう、穴あきやすり切れなどがあれば、有料になりますが、生地の修理にも応じています。

海外展開

　「桃太郎ジーンズ」は、ジーンズの本場アメリカはもちろん、世界26か国で販売されています。ジャパンブルーでは、営業担当者が、商品をもって世界各国を売り歩いています。また、海外の展示会にも出展していて、現地の人びとは、ジンバブエ・コットン（⇨P22）でつくられたジーンズを、とても美しいと感じるそうです。そうしたこともあり、「桃太郎ジーンズ」の海外での評価は高く、複数の雑誌に紹介されています。

桃太郎ジーンズを販売する、イギリスの首都ロンドンのジーンズショップ。

桃太郎ジーンズの縫製に使われている、桃色の綿糸。青い生地との対比が美しい。

桃太郎ジーンズの保証書。「10年保証」の文字が見える。

アメリカのラスベガスでおこなわれた展示会に、桃太郎ジーンズを出展したときのようす。

＊10年保証の保証書の配布対象は、直営店で購入したもののみ。

手織りデニム

「桃太郎ジーンズ」のなかには、手染めの糸を使った手織りのデニムでつくられるものもあります。手織りのデニムは、1日8時間かけても、80cmほどしか織ることができないので、1本のジーンズが完成するまで、染めをふくめると1年近くかかるそうです。手織りのデニムは、機械とことなり、人力でふんわりと織り上がるため、とてもあたたかな味わいがあるといいます。

また、「桃太郎ジーンズ」には、オーダーメイドジーンズもあります。スーツなどとはちがい、完全なオーダーメイドではありませんが、いくつかのパターンから好みのものを選び、生地の種類、ボタンやリベットといった付属品、後ろポケットのデザインなどを指定し、つくってもらうことになります。

ジーンズというと、気軽にはける既製品と感じる人の多いなか、オーダーメイドのジーンズは、手織りデニムとともに、「桃太郎ジーンズ」の価値を高めています。

糸の手染め。藍という染料に、つけてはしぼるをくり返す。

デニムの手織りのようす（左）と、手織りのデニムでつくられたジーンズ（右）。手染めの糸が使われていることもあり、ほかにはない、独特の色合いをしている。

＊1 機を織ることを職業とする人。機は、布を織る機械。
＊2 会社名や商品名などを、他人のものと識別するための標識として、特許庁に登録すること。

ものづくりの極意
本物を求める職人魂

これまでにない後世に残る本物を

ジャパンブルーの社長を務める眞鍋寿男さん（写真円内）は、岡山県倉敷市の児島の出身です。後世に残る本物のデニムをつくろうと、1992（平成4）年、地元の繊維商社から独立し、コレクトという会社を設立しました。

しかし、地元の繊維産業は、価格の安い中国の製品との競争がはげしく、眞鍋さんの「本物のデニムづくり」に協力してくれる機屋[※1]はありませんでした。そこで、自分たちの手で納得のいくデニムをつくろうと、旧式の織機を買い求め、本物のジーンズとして、ビンテージデニムの生産をめざしました（⇒P23）。

こだわりの追求

ビンテージデニムをつくるために、試行錯誤をくり返したものの、まったくうまくいきませんでした。そこで、分解するなどして、あらためてビンテージデニムを分析した結果、繊維長の長い高級綿を使用していることがわかり、素材へのこだわりが必要だという結論に達しました。それが、1994（平成6）年のジンバブエ・コットン（⇒P22）によるデニムづくりのはじまりとなったのです。

そして、染めと織りにもこだわった結果（⇒P22〜23）、有名ジーンズメーカーへのデニムの供給をはたすとともに、世界的な高級ブランドからも注文が来るようになり、とうとう欧米に勝るデニムづくりを実現しました。

こうしたことが基礎となり、ジャパンブルーは2003（平成15）年、高級ジーンズの生産に乗り出し、2005（平成17）年には、「桃太郎ジーンズ」の名で商標登録[※2]をはたしました。

なお、『桃太郎』は鬼を退治する物語として知られますが、「桃太郎ジーンズ」の名には、「岡山県から本物のジーンズを世界に広めたい」という思いがこめられています。

倉敷市児島の直営店。

職人ファイル　山本 貴裕さん（ジャパンブルー　コレクト事業部）

職　種：ジーンズの素材となるデニム（綿でできた厚地の布）の製作
仕事歴：3年（2011年入社）
経　歴：地元の高等学校卒業後、父親の仕事（生地の裁断）の手伝いなどをへて入社
子どものときの趣味：スポーツ全般、将棋、野球観戦

織機といっしょになって最高のデニムづくりをめざす

―子どものころ、どのような仕事につきたいと思っていましたか？
消防士です。

―この仕事を選んだきっかけは？
ジーンズが好きだったからです。

―仕事をはじめたときはどうでしたか？
最初の3か月は、おもにお店での販売を担当していました。しかし、若い職人を育てていこうという会社の考えもあり、販売から製作に移ることになりました。自分自身、地元の代表的な産業のジーンズづくりにたずさわることができ、とてもうれしかったのですが、デニムの製作は、想像以上にたいへんな仕事でした。

―製作するうえで、とくにたいへんなことは？
「桃太郎ジーンズ」の素材となるデニムは、一般のものよりも厚みがあるので、旧式の織機（布を織る機械）でなければつくることができません（⇨P23）。しかし、製造から30年以上が経過しているので、つねに織機の状態に気を配らなければなりません。また、織り上がったデニムに傷がついていないか、確認することも必要で、織機から目がはなせません。とくにたいへんなのは、糸が切れたときです。織機には約2000本のたて糸が並ぶので、どの糸が切れたのかを確認し、ふたたび織機に糸を通さなければなりません。それが、とても細かな作業なのです。

―これからめざしていることは？
いまは、先輩の職人の指導のもと、デニムの製作をおこなっていますが、この会社でしか織れないデニムを、しっかりと織れるようになりたいです。また、とても古い織機ですが、整備や保守をきちんとおこない、後世に引きついでいきたいと思います。

―製作した生地でつくったジーンズを使うお客さまに望むことはありますか？
はきこむことで味わいの出るジーンズなので、たくさんはいてほしいです。

織機の状態に気を配りながら、織り上がったデニムを確認する山本さん。

山本貴裕さんの1日
- 9:00　始業。織機の保守・点検後、デニムの製作。
- 12:00　昼休み。
- 13:00　織り上がってロールに巻かれたデニムを機械で帯状にする整反の作業のほか、検査と加工をおこなう場所への運搬もおこなう（15:00から10分ほど休憩）。
- 18:00　終業（残業もあり）。

※日によって作業内容は変わります。

私たちがつくっています・衣類・かばん ④

園児や児童の帽子を年間10万個つくる

幼稚園や私立小学校には、制服と制帽があります。制帽の多くは、中学生や高校生のかぶる学生帽とはちがい、フェルトという布でつくられ、つばがまわりについたものです。東ハットは、園児や児童のフェルト帽子を中心に、たくさんの帽子をつくっています。

東ハット
- 所在地／東京都台東区
- 創　業／1933（昭和8）年
- 従業員数／30人

東ハットがつくった制帽。フェルト帽子と麦わら帽子がある。

どんなものをつくっているの？
特殊な設備と熟練の技でつくる帽子

フェルト帽子を中心に製造

　フェルトは、毛のからみ合う性質を利用して、羊毛などを布状にしたものです。水でしめらせた羊毛などに、熱と圧力を加え、長さと幅を縮めて組織を密にすることで、布状にするのです。保温力と弾力性に富み、帽子のほかにも、はきものや敷物などに使われています。

　フェルト帽子は、のりづけ、成型など、いくつかの工程をへてつくられますが（⇨P32）、フェルトでできた帽子の材料を、蒸気にあてたり、精巧な木型（木でできた型）にはめたりしてつくられていくので、特殊な設備とともに、熟練の技が必要です。そのため、製造できる工場がかぎられていることもあり、東京都内でフェルト帽子を大量に生産できる会社は、東ハットのほかにはないといわれています。

幼稚園児用の園帽が主力商品

　保温力と弾力性に富んだフェルトは、幼稚園児がかぶる帽子（園帽）に最適の素材です。冬はあたたかく、子どもが多少乱暴にあつかっても、形がくずれたりしないからです。

　東ハットは、園帽のほかにも、私立小学校の児童用の制帽もつくっているので、年間6万個ほどのフェルト帽子を、園児や児童のためにつくっています。また、夏用の麦わら帽子をふくめると、東ハットのつくる園児用と児童用の帽子の数は、年間10万個にもおよびます。これだけの数の帽子をつくることができるのも、東ハットの工場の特殊な設備と、そこで働く職人たちの熟練の技があるからです。

フェルト帽子の園帽。

フェルト製の材料に蒸気をあて、特殊な設備を使って伸ばしていく。

最初の工程となるのりづけをまつ、フェルトでできた帽子の材料。

工場内に並ぶ、製作中の麦わら帽子とフェルト帽子の園帽。

帽子

紳士用や婦人用の帽子も

　フェルト帽子は、のりがかわいてカチカチに固まったフェルト製の材料を、蒸気にあててやわらかくし、木型に合わせて形を整え、つくり上げていきます。そのため、パーツ（部材）をミシンで縫い合わせてつくる布帛*¹の帽子とはちがい、さまざまなデザインを生み出すことができるといわれています。

　そうしたことから、東ハットは、同じような形をした園帽だけではなく、いろいろな形や種類のある紳士用や婦人用の帽子を、有名アパレル（衣料品）企業などのブランド品*²として製造しています。そのこともあり、百貨店や専門店などの有名ブランドの売り場に加え、店独自の考え方で複数のブランドの商品を取りあつかうセレクトショップにも、東ハットがつくったフェルト帽子が並んでいます。

工場内に設けられたショールーム。東ハットのつくったさまざまな帽子が並ぶ。

東ハットのつくった紳士用の帽子と婦人用の帽子。フェルト製のものは、さまざまな形に成型されている。

工場に並ぶ、製作中の紳士用と婦人用の帽子。

ワンポイント
日本の帽子のはじまり

　日本の帽子のはじまりは、江戸時代末期の開国とそれにつづく明治維新により、西洋の品物が輸入され、西洋の文化や習慣が取り入れられてからのことと考えられている。ただし、帽子に似たものとしては、飛鳥時代に聖徳太子がかぶっていた冠や、奈良時代以降、元服（成人）した男子がかぶった烏帽子とよばれる袋状のものなどがある。さらに、いまでいう西洋式の帽子が日本に伝わったのは、安土桃山時代の南蛮貿易によるという考え方もある。

　しかし、実際に広まっていったのは、明治維新以降のことで、軍隊に洋服が用いられ、1872（明治5）年に軍帽が制定されたことがきっかけといわれている。また、国産の帽子が最初につくられたのは1890（明治23）年のことで、のちに西洋の技術が取り入れられ、日本の帽子づくりはさかんになっていったという。

---

*¹ 絹織物または織物のこと。
*² 高級品として知られる商品とその銘柄。

どんな仕事場？
高度な職人技がフェルト帽子をつくり出す

ていねいに効率よく

フェルト帽子は、三角帽体とよばれる三角形をした帽子の材料にのりをつけ、木型を使って成型し、仕上げていきます。どの工程も同じ作業のくり返しですが、ひとつひとつていねいに、とても効率よく、進められていきます。手作業が多く、高度な職人技の連続です。

1 のりづけ

のりを溶かした水溶液に三角帽体をつけ、ローラー式の脱水機でしぼる。

のりのついた三角帽体を取り出し、脱水機でしぼる。

2 乾燥

のりのついた三角帽体を、ボイラー室で乾燥させる。

ボイラー室の天井からつり下げられ、乾燥するのをまつ三角帽体。

3 頭つき

のりがかわいてカチカチに固まった三角帽体に蒸気をあて、機械でのばしたあとに、上の部分が丸くなった金属の筒にかぶせ、手でのばしていく。この作業により、三角帽体のとがった部分が、丸みのある頭の形に変わっていく。

三角帽体を両手でしっかりともち、体重をかけてのばしていく。

4 型入れ

頭の部分が丸くなった三角帽体を釜に入れて蒸し、つば型という木型にかぶせてふたたび蒸す。その後、頭型という木型をはめこみ、手と機械で圧力をかけ、形を整える。

蒸し終えた三角帽体を木型にかぶせ、帽子の形を整えていく。

へらを使って木型からはずすと、帽子の形になっている。

帽子

5 へりの部分を切る

つばのへりの部分を切りそろえ、形を整える。

機械を使ってへりを切る。

6 ミシンによる縁取り

切りそろえたへりの部分と帽子の内側に、リボンを縫いつける。この作業が終わると、帽子の外側につけるリボンなどのかざりの取りつけを、外部の職人に発注する。

すべり止めのリボンを内側に縫う。

へりの部分のデザインのため、リボンを縫う。

7 仕上げ

外注からもどってきた帽子をつば型という木型にはめ、蒸気をふきかける。その後、熱せられた砂の入った袋で重みをかけて形を整え、仕上げていく。

木型をはめた帽子に、蒸気をかける。

桶のような型に入れ、その上から、砂の入った袋で重みをかける。袋は、足もとのペダルで操作する。

8 出荷

完成した帽子は、ひとつひとつ検査され、ていねいに箱づめされてから、学校や幼稚園に向けて出荷される。

帽子の形がくずれないように、ひとつひとつにウレタンの枠を入れ、箱につめていく。

もっと見てみよう
こだわりとたゆまぬ努力

国内生産へのこだわり

　日本で販売されている帽子のうち、中国をはじめとした海外で生産されたものの割合が増えていくなか、東ハットは、国内生産にこだわっています。それは、フェルト帽子の製造では、のりづけ、成型、ミシンがけ、そして仕上げまで、すべての工程で、職人の手の感覚がたよりになるからです。

　東ハットでも、海外の工場にフェルト帽子の製造を依頼したことがあるそうですが、日本に届いた製品を確認してみると、成型や仕上げなどをやり直さなければならないという結果になったといいます。

　また、主力の園帽など、幼稚園や小学校におさめる帽子は、子どもたちが長くかぶることから、何よりも品質が第一です。不具合があってはいけません。そうしたこともあり、東ハットは、国内での生産にこだわっているのです。

フェルトでは不可能といわれた帽子も

　紳士用や婦人用の帽子のなかには、ハンチング帽やキャスケット（前ひさしのついた帽子）、ベレー帽など、頭の部分が平らで広い帽子や、とても複雑な形をした帽子があります。以前は、このような帽子をフェルトでつくることは不可能といわれていました。

　しかし、伸縮性のあるフェルトは、蒸気をあてれば伸ばせるので、どんな形にもなることから、不可能ではないと、東ハットは考えました。そして、帽子の材料となる三角帽体（⇨P32）と帽子の成型に用いる木型（⇨P30）を研究しました。

　その結果、三角帽体の頭の部分を平らにする特殊な機械と、割り型を用いることにしました。とくに割り型は、いくつかに分解することができるので、どんな複雑な形の帽子であっても、成型が終わってから三角帽体を木型からはずすときに、でき上がった帽子の形をくずすことはありません。つまり、木型を分解しながらひとつひとつはずすので、三角帽体を引っぱったりする必要がないのです。

　ただし、帽子の形が複雑なため、成型はたいへんな重労働で、職人の手は、まめができたり、皮がむけたりすることもあるそうです。

割り型の表側（上）と裏側（下）。線の入った部分で分解できるので、下の写真のように、木づちでたたき、三角帽体をはずしていく。

三角帽体の頭の部分を平らにする特殊な機械。足もとにあるペダルをふむと木型が開き、三角帽体の三角形の部分が平らになる。

型づくりにも挑戦

　フェルト帽子を形づくる成型のための木型は、外部の職人に依頼してつくってもらいます。工場には、東ハットの豊富な品ぞろえを物語るかのように、これまでにつくられた木型がたくさん並んでいます。そうした木型とともに、特殊な粘土でつくられた型が並んでいます。それらは、東ハットの職人がつくったものです。

　東ハットは、取引先の注文に応じて帽子の製造をおこなっていますが、新しい帽子をつくるには、新しい型が必要となります。デザインなど、取引先の要望がすべて確定していれば、木型づくりは外部の職人に依頼することになりますが、東ハットからの提案により、取引先とのあいだでデザインなどを決めていくこともあるそうです。

　その場合は、東ハットの職人が、特殊な粘土を用いて型をつくり、その後、サンプルをつくって取引先に確認を求めることになります。つまり、東ハットの職人自身が、独自のデザインを考え、専門の木型職人にかわり、自ら型をつくることもあるのです。

さまざまな型が数多く並ぶ、東ハットの工場の棚。

ものづくりの極意
革新的な製造技術が生む質の高い帽子

会社を支える中堅の職人

　東ハットは、1933（昭和8）年、現在の本社がある東京都台東区の浅草橋で、東浦製帽として創立しました。いまのようにたくさんの帽子を製造し、販売するようになったのは、東京都北区に工場をもった1952（昭和27）年のことです。それ以来、フェルト帽子を中心に、製造と販売をつづけています。

　現在、東ハットの工場では、20人の職人が帽子を製造していますが、20代が1名、30代が5名、40代が14名で、平均年齢は45歳です。20代や30代の職人よりも40代の職人が多いのは、2代目社長の東浦邦治さん（写真円内）の時代に採用した若い人たちが、いまでは会社を支える中堅の職人に成長しているからです。

　邦治さんは、平成17年度の台東区優秀技能者に認定されました。フェルト帽子を中心とした帽子の製造技術が最高峰であることや、つねに革新的な製造技術の研究と技術の向上に取り組んできたことに加え、後進の指導や育成に努めてきたことも高く評価されたのです。

数は外国、質は日本

　帽子を買い求める人びとの好みの多様化やこだわりもあり、このところ東ハットには、簡単ではない手間のかかる帽子の注文が増えているそうです。これは、取引先の多くが、数を求めるのであれば中国などの外国の会社に、質を求めるのであれば日本の会社に、帽子の製造を依頼しているからです。

　近年、衣料品業界が価格の安い量産品を求めるいっぽうで、質を求める消費者のあいだでは、日本で生産されたものへの信頼性が高まっています。そうしたこともあり、東ハットには、帽子づくりは外国にはまかせられないという、国産へのこだわりがあるのです。

東京都台東区にある東ハットの本社。

職人ファイル　松本 善文さん　水沼 輝之さん（東ハット工場）

職　種：帽子の製造
仕事歴：松本さん（右）：18年（1996年入社）　水沼さん（左）：12年（2002年入社）
経　歴：松本さん：高等学校卒業後、レコード店勤務をへて入社　水沼さん：高等学校卒業後、ユニット住宅製造会社をへて入社
子どものときの趣味：松本さん：生きものを飼うこと　水沼さん：バスケットボール、おもちゃの改造

お客さまの要望にこたえ、ほかにはない帽子をつくりたい

—子どものころ、どのような仕事につきたいと思っていましたか？
松本：サラリーマンです。
水沼：手先が器用だったので、ものづくりの仕事です。

—この会社に入社しようと思ったきっかけは？
松本：ものづくりがしたかったからです。
水沼：ファッションが好きで、なかでも帽子には、特別な価値観をもっていたからです。

—ここでは、どのような仕事をしていますか？
松本：型入れです。
水沼：縫製ですが、おもにサンプルをつくる仕事です。

—製作するうえで、とくにたいへんなことは？
松本：型入れでは蒸気を用いるので、熱さと暑さです。三角帽体を型に入れて引っぱるので、最初のころは、手にまめができ、皮もむけ、とても痛かったです。いまではそれにも慣れ、まめもできずに、手の皮も厚くなりました。ほかにも、いいものを効率的につくらなくてはならないということがたいへんです。
水沼：帽子は、まずサンプルをつくり、お客さまによる確認後、量産に入ります。サンプルづくりは、すべての工程を自分ひとりでおこなうので、いざ量産となったとき、各工程で、ほかの職人が実際に対応できるのかを、つねに考えなければならないことです。

—どんなときに、やりがいを感じますか？
松本：自分のつくった帽子が、雑誌に紹介されたときです。
水沼：わたしも雑誌に紹介されたときですが、ほかではつくれないものを、自分が形にすることができたときにも、やりがいを感じます。

—どんなものをつくっていきたいですか？
松本：独自のデザインを考え、自分で型をつくり、ほかにはない帽子をつくっていきたいです。
水沼：お客さまからもとめられるものは、どんなものでもつくっていきたいです。

ミシンに向かい、サンプルをつくる水沼さん。

型入れが済んだ帽子を確認する松本さん。

松本善文さん 水沼輝之さんの1日

- 8:30　始業。型入れ部門と縫製部門の責任者として、1日の仕事内容の確認と、若い職人への指示をおこなう。
- 9:30　それぞれ、型入れの仕事と縫製の仕事（サンプルづくり）を開始。
- 12:00　昼休み。
- 13:00　午後の仕事の開始（15：30から10分間の休憩）。
- 17:45　終業。秋から年末にかけては、1時間ほど残業。

※日によって作業内容は変わります。

もっと見てみよう、生地と帽子の職人の技

ここまで見てきた衣類・かばん関係の4つの企業のなかから、サンヨーソーイングと東ハットの2社に関連して、コート生地をつくる職人の技と、麦わら帽子をつくる職人の技を、それぞれの製造工程をとおして、見ていきましょう。

コート生地

◆どんな生地？
生地は、染色や仕立てなどの加工をおこなう前の布や織物です。コート生地は、ウールやカシミヤのような動物の毛を原料とした糸でつくるものもありますが、サンヨーソーイングのつくる100年コートの生地には、綿を原料とした糸が用いられています。

◆どのようにしてつくるの？
コート生地は、原糸*を染める先染め、染めた原糸を織る製織、織られた生地を加工する仕上げの工程をへて、完成します。

①先染め工程
染色液の入った特殊な機械に原糸を入れ、染め上げる。

原糸を巻いたボビン（プラスチック性の筒）を、染色液の入った機械に入れ、100分ほどつける。

②製織工程
染め上がった原糸のなかから、たて糸に使う糸をビームという金属製の棒に巻き、織機にセットする。その後、よこ糸をセットしてから織機を作動させると、たて糸とよこ糸が交差し、生地が織り上げられていく。

たて糸をビーム（左）に巻きつける。

織機により、たて糸によこ糸が通され、生地は織り上げられる。

織機の確認をおこなう職人。

③仕上げ工程
生地の幅を整え、生地の風合いや光沢（つや）を高める。また、水や油をはじきやすくする機能をもたせるなど、さまざまな加工の工程をへて、仕上げていく。

加工の準備工程として、生地の毛羽立ちや不純物を、機械で取り除く。

---

*織物を織るときに、もととなる糸。

麦わら帽子

◆どんな帽子？

麦わら帽子は、日よけのため、おもに夏にかぶる帽子です。幼稚園や私立小学校では、夏の制帽として、フェルト帽子にかわって用いられます。材料となる麦わらは、穂を落としたあとに残る麦の茎です。麦わらを織ってつくったブレード（ひも）を、特殊なミシンで縫い上げ、つくっていきます。

幅6〜8.5mmのブレードが、たばねられた状態で、積み上げられている。

◆どのようにしてつくるの？

麦わら帽子は、次のような工程でつくられていきますが、大きく分けると、ブレードを縫い上げて帽子の形にしていく工程と、仕上げの工程があります。

①帽子の頭部を縫い上げる

ブレードを引き出しながらミシンをかけ、時計と反対回りで円をえがくようにして、頭部を縫い上げる。形やサイズを確認するための木型はあるが、職人は、それを見ながら長年の勘で縫い上げる。

回転する器具（写真左）にセットされたブレードを引き出しながら、帽子の頭部を、お椀のような形に縫い上げていく。

②つばを縫い上げる

頭部が縫い上がったら、人間の頭部を輪切りにしたような形の厚紙を中に入れてサイズを確認し、つづけてつばを縫い上げる。

頂上部分を中心に帽子を回しながら、頭部のまわりにつばを縫い上げていく。

③型をはめて確認する

縫い終わったら、縁の部分に木型をはめ、形やサイズを確認する。長年の勘により、ほとんどが正確に縫い上がっているという。

縫い終えた帽子をミシンからはずし、木型をはめて確認しているところ。

④のりづけ

フェルト帽子と同じく、形がくずれないように、のりづけをおこなう。

奥の容器でのりづけをした帽子は、手前の装置で回転させ、余分なのりを落とす。

⑤乾燥

のりがかわくまで、部屋の天井からつり下げられ、乾燥をまつ。

天井からつり下げられた麦わら帽子。

⑥仕上げ

金型（金属製の型）のついた特殊な機械に入れ、熱と圧力を加えて形を整え、仕上げる。

金型に帽子を入れ、ボタンをおすとふたが閉まり、熱と圧力が加えられる。

一定の時間が過ぎると、ふたが自動的に開き、麦わら帽子が仕上がる。

さくいん

あ行

- 頭型 32
- 頭つき 32
- インディゴ染料 22
- 裏掛けプレス 10
- 烏帽子 31
- 延反 8
- 園帽 30, 31, 34
- オーダーメイドジーンズ 27
- 大マチ 15, 16

か行

- 型入れ 32, 36
- 型紙 7, 8, 10, 11
- 肩ベルト 15, 16, 18
- 金型 38
- カブセ 14, 15, 16, 18, 20
- 木型 30, 31, 32, 33, 34, 35, 38
- 菊寄せ 17
- CAD 8, 10, 11, 12
- CAM 8
- 牛革 14
- クラリーノ 14
- 検反 8
- 検品 16, 17, 18
- コードバン 14

さ行

- 裁断 8, 11, 16, 24
- 三角帽体 32, 34, 36
- 仕上げプレス 9, 11
- 聖徳太子 31
- 商標登録 27
- 織機 23, 24, 27, 28, 37
- 芯白染色法 22
- ジンバブエ・コットン 22, 24, 26, 27
- 芯貼り 8
- 背あて 15, 16
- 成型 30, 34, 35
- 背カン 15

た行

- セルビッチ 23
- タテ落ち 22
- つば型 32, 33
- 手織りデニム 27
- デニム 22, 23, 24, 26, 27, 28

な行

- 南蛮貿易 31
- ぬき型 16
- ヌメ革 14

は行

- パーツ 6, 9, 15, 16, 17, 18, 24, 26, 31
- パターン 7, 27
- 杼 23
- 控え 10
- 引き縫い 10
- 100年コート 5, 6, 11, 37
- ビンテージ織機 23, 24
- ビンテージデニム 23, 24, 27
- ビンテージミシン 23, 24
- ファストファッション 6
- フェルト帽子 29, 30, 31, 32, 34, 35, 38
- ブレード 38
- 縫製 6, 9, 11, 12, 23, 25, 26

ま行

- 前ポケット 15, 16
- マグネット錠 15
- 麦わら帽子 30, 37, 38
- 明治維新 31
- 桃太郎ジーンズ 21, 22, 23, 24, 26, 27, 28

ら行

- ロープ染色 22, 24

わ行

- 割り型 34

■ 編集
こどもくらぶ（小林 寛則）
「こどもくらぶ」は、あそび・教育・福祉分野で、子どもに関する書籍を企画・編集しているエヌ・アンド・エス企画編集室の愛称。図書館用書籍として、毎年10～20シリーズを企画・編集・DTP制作している。これまでの作品は1000タイトルを超す。
http://www.imajinsha.co.jp

■ 写真協力
カイハラ株式会社
ダイワボウノイ株式会社
菊地力之、菊地政枝

■ デザイン・DTP
信太 知美

■ 企画・制作
株式会社エヌ・アンド・エス企画

この本の情報は、特に明記されているもの以外は、2014年10月現在のものです。

企業内「職人」図鑑 私たちがつくっています。⑤衣類・かばん

初 版　第1刷発行　2015年1月15日

編　　こどもくらぶ
発行所　株式会社同友館
　　　　〒113-0033 東京都文京区本郷 3-38-1
　　　　電話　03-3813-3966　FAX　03-3818-2774
　　　　http://www.doyukan.co.jp/
発行者　脇坂 康弘　　　　　　　　　　　印刷／製本　三美印刷／東京美術紙工

©Kodomo Kurabu 2015　Printed in Japan.　　　　　無断複写複製（コピー）禁ず
Published by Doyukan Inc.　　　　　　　　　　　ISBN978-4-496-05084-8　NDC 335
乱丁・落丁本はおとりかえいたします。　　　　　　40p/29cm